TRANSFER FAT

TRANSFER FAT
(FORSLA FETT)

AASE BERG

TRANSLATED FROM THE SWEDISH
BY JOHANNES GÖRANSSON

UGLY DUCKLING PRESSE

ISBN: 978-1-933254-92-0

Distributed to the trade by Small Press Distribution
1341 Seventh Street, Berkeley, CA 94710
www.spdbooks.org

Available directly from Ugly Duckling Presse
and through our partner bookstores.

Ugly Duckling Presse
232 Third Street, E-002, Brooklyn, NY 11215
www.uglyducklingpresse.org

First Edition 2012
Printed in the USA

Cataloging-in-publication data is available
from the Library of Congress.

This book is made possible in part by generous support from
the National Endowment for the Arts. The translation has been
sponsored by the Swedish Arts Council.

NATIONAL
ENDOWMENT
FOR THE ARTS

Transfer Fat //
Forsla fett

I -

am -

afraid

(Hal)

fordon forslar fortare ju längre in de rinner de försvinner

vehicles transfer quicker the further in they run they disappear

STRAM STRÄMJA, OFÖTT FETT

Ännu är jag död, jag rinner. Ska följa hare genom nyfödingens vilda lugn, gå haren mjukt mullrande klotform.

STRAIN STRAME, UNBORN FAT

I am still dead, I am flowing. Will follow hare through the newborn's wild calm, go the hare's softly rumbling sphere shape.

Skär kölen
i haryngelgölen
skär fena i fett,
fiskstjärtfött

Håll fett
låt fett vänta
håll tid
låt tid gå
låt tid vagga stilla i haren
låt fett bygga stomme i haren
i haren Kosmos
tid är skal

Cut the keel
in harebrood pool
cut fin in fat,
fishtailborn

Keep fat
let fat wait
keep time
let time go
let time rock calmly in hare
let fat build core in hare
in the hare Cosmos
time is shell

Låt tid vagga stilla i haren
låt bära och hålla i den lugna haren
låt skalle vagga i skelettets skål

I skalet löper nervers tunna spöke
I skalet röjer nervers tunna spöke tid för fett
det ska ta många tusen år att öka fett

Let time rock calmly in hare
let carry and hold the calm hare
let skull rock in the skeleton bowl

In the shell runs the nerves' thin ghost
In the shell the nerves' thin ghost clears time for fat
it will take many thousand years to raise fat

Smälta

Bär min smälta
över de hårda sjöarna
bär mitt sätt att
hälla rinnande kropp

Ditt skals kötts mörker

Smelt

Carry my smelt
across hard lakes
carry my way of
pouring runny body

Your shell's meat's darkness

Hard

"En härdsmälta ska härdas"
Men låt dem syssla
Vi har:
ditt kött som rinner
mellan fingrarna
som rinner

Hard

"A core meltdown should be hardened"
But let them busy
We have:
your meat which flows
between the fingers
which flow

Kärna

Din fyllande fettnad
Du Väljare valde
denna slickande,
smältande stjärna
Går därför intill
stillsamt bultande hare
din växande vattenpäls

Core

Your filling fatness
You Voter chose
this licking,
smelting star
Move therefore close to
calmly pounding hare
your growing water fur

FLATA RIKTINGNAR:
FLYKTNINGAR

Ni som sitter där som små ballongkineser. Högst uppe i krampgrepp hos Väljaren. Ni hoppar ner med dunsar. Ni slår fettnad i luddet hos till exempel min kropp. Ni är på undersidan. Ni går fötter mot våra fötter men på den meningslösa undersidan.

You who sit there like small balloonchinamen. High up in the crampgrip of the Voter. You jump down with thuds. You strike fatness in the fluff of for example my body. You are on the underside. You walk your feet against our feet but on the meaningless underside.

Lek "Den äger hare, som griper"
Den äger att forsla, som fött
De ickeförsvinnande fälten
spänn ut dem så gnisslande sprött

Den meningslösa undersidan av broar
Det nariga knagglet vid broarnas fästen
Jag störtar i samma sekund som kometen
Kometen den Blå Stradivarius

Play "The one owns hare, who arrests"
The one owns to transfer, who birthed
The nondisappearing fields
stretch them out so screechingly brittle

The meaningless underside of bridges
The scratchy scruff at the abutments of bridges
I crash in the same second as the comet
The Comet the Blue Stradivarius

Den meninglösa undersidan av sjöar
Den möjliga undersidan av hårda sjöar
Jag gör mig vass
Jag skär glasvatten

Den kroppsvarma, rinnande undersidan
den kroppsvarma stillheten hos en ofödd död
den av fettet genomsyrade
av det dödströtta fettet alltid genomsyrade

The meaningless underside of lakes
The possible underside of hard lakes
I make myself sharp
I cut glasswater

The bodywarm, flowing underside
the bodywarm stillness of an unborn dead
the one by fat permeated
by the deathtired fat always permeated

DEN SKIMRANDE INSIDAN
AV TUNNLAR

THE SHIMMERING INSIDE OF TUNNELS

Den skimrande insidan av tunnlar
De klarröda fistlarnas istappar, stavar
den malande insidans droppslag
stick stigma,
spräck stalagstomit

The shimmering inside of tunnels
The icicles, rods of the bright-red fistulas
the grinding inside's kind of drop
prick stigma,
crack stalagstomite

Kräftgång

Bekräfta,
simma spole,
glida hal,
fördröj
friktionen

I kräftelse
knyck halkvis
rinna
underhuds
fiktionen

Crawlfish

Confirm,
swim spool,
glide slick,
delay
the friction

Shell up
twitch slickwise
flows
underskin
the fiction

Kvanttunnling

Kropp, tunnla
genom bäckenkrossens käkar
valkäftens resonanser
böjer undan rum och tid

Quantum Tunneling

Body, tunnel
through the creekcrush's jaws
the whale jaw's resonances
bends aside space and time

Kraftledning

Det fnittriga kvillret i ljuskapillären
det fladdriga flimret mot utloppets skärm
I landningsbassängen är djupet oformligt
den bubblande källan är seglivat varm

Power Line

The giggly quillering in the light-capillary
the fluttering flicker against the outlet screen
In the landing pool the deep is formless
the bubbling spring is stubbornly warm

VALEN KLÄMMER SIN TRÖGNAD GENOM ETT SÄRSKILT RUM

Det vita späcket; smärtan. Du Val du Väljare din gärning bryter hål i lugna former.

THE WHALE SQUEEZES ITS
SLUGGISHNESS THROUGH A CERTAIN ROOM

The white blubber; the pain. You Whale you Voter your deed breaks holes in calm shapes.

Narval

Skena skär vatten
Fena skär fett
Men när klo rispar is
rivs upp nariga kanter

Narwhale

Blade cuts water
Fin cuts fat
But when claw scrapes ice
chapped edges are torn up

Hålval

Valar vill vatten
hålrum i vatten
lättnad i fettnad
rymmen i späck

Hole Whale

Whales want water
hollow in water
lightness in fatness
flight in blubber

Föda gummi

Gummitumlaren glider
längs oanerna av tid
Eonerna av ekotid
Man kastar sig mot väggar
av sin motsats

Birth Rubber

The rubber tumbler glides
along the uneons of time
The eons of echo time
One rams into walls
of one's opposite

Späckhuggaren –

här hänger hugget
väntande på späck
i många tusen år
av långsamhet

Blubber Biter –

here hangs the bite
waiting for blubber
for many thousand years
of slowness

Valnöt

valnöt,
skalnöt
skalle nöter
skalpen inifrån

Whalenut

whalenut,
shellnut
skull grinds
the scalp from within

Nötkött

Röj, plöj, rymme
Grotta:
summan av en val
i konsistensen

Mince Meat

Raze, plow, evacuation
Cave:
the sum of a whale
in the consistency

Öppna väljaren

Tandad val
strandad val
öppen val
öppet rum
oval
av gummirum

Open the Voter

Toothed whale
beached whale
open whale
open space
unwhale
of rubber rooms

Mamma val

Amma val
Valyngelskal
Ge harmjölk,
alla val är
samma val

Mom Choice

Nurse whale
Whalebroodshell
Give hare-milk
all whales are
the same whale

HARPUN

Existensen som ingrepp i ytspänningen.

Existence as an intervention in the surface tension.

Mjölka harulk

Håll bleka fiskrens römme
Håll bleke, fiskkötts rom
Håll harulksmjölken fiskvit

Milk Bullhead

Hold the pale cleanfish's cream
Hold pale, fishmeat roe
Keep the bullheadmilk fishwhite

Mjölkhare

Känn päls i mjölk
Det våta luddets tussar
sprätt ryckning genom skogen
genom harulven

Milk Hare

Feel fur in milk
The white fluff wads
scattered flinches through the forest
through the hare wolf

Myling

Barnköttsvampens sötsyrliga blekhet
Mjälla och porösa barnköttsblekhet
Den är fettvitskivlingen
Den är skuggan i skogen
av kosmiska Sascha
Den skrattande ryckningarharen

Myling

The babymeat mushroom's sweetsour paleness
Fluffwhite and porous babymeat paleness
It is the fatwhite agaric
It is the shadow in the forest
of cosmic Sascha
The laughing flinch-hare

Glatt slätt

Fött fetter skeletter
håll ryggbenet högt
slicka slätpipans täthet,
det jordade,
mjölkiska,
kräfthinnegrå

De rasslande fiskfötterträden
töj hudfisken slät
böj bukfisken slät,
släpa släden
glid magfiskens ränna
röj slätten

Glad Plain

Birthed fat skeletons
keep the backbone high
lick the smoothpipe's tightness,
the grounded,
milkish,
crayfish-membrane-gray

The rustling fishfeet-trees
tug the skinfish smooth
bend the bellyfish smooth,
drag the sled
glide the bellyfish's furrow
raze a plain

Nötning

Ska skrapa sköld med sked
i skalet, bröstbrosket, i Kräftan

Nuttering

Will scrape shield with spoon
in the shell, breast-gristle, in the Crayfish

AGGREGATIONSTILLSTÅND
BEHÖVER FORDON

simma   *simma*   *simma*   *aggression*

swim   *swim*   *swim*   *aggression*

Haren smittar pappa med rabies

Harsprångsledning
harespår
rabies är frihet
i Harens år

Här i ensamhetens
svarta fadersmjölk
av skogens man
med hare

The Hare Infects Dad With Rabies

Hare-spring conduit
hare track
rabies is freedom
in the Year of the Hare

Here in the black fathermilk
of loneliness
from the man of the woods
with hare

Vattuskräck

Haren är också en stjärnbild
i den håglösa, frigida hydrosfären
Samma kosmiska fettstela fimbulskräckflod,
samma fittstela rullbandsfettflod
Vi som däggdjur, äggdjur, valnötsdjur
föder ogärna levande ungar

Hydrophobia

The hare is also a constellation
in the listless, frigid hydrosphere
Same cosmic fatstiff freezefearflood,
same cuntstiff looptrack fatflood
We like suckle animals, egg animals, whalenut animals
prefer to not give birth to live young

Hydrofon

I haren hydroforen
som pumpar tömmer tyngd
går instrumentets grader
av oformligt trögtänkt frihet

Hydrophone

In the hare the hydrophore
which pumps heaves heft
move the instrument's degrees
of formless retarded freedom

Medan haren rasslar är valen mjuk

haren skinntorr valen tung av påsens fettmjölk vattensjuk

While the Hare Rustles the Whale Is Soft

the hare skindry whale heavy from the bag's fatmilk watersick

DET BLIR SÅ BRÅTTOM ATT HA
KROPPENS LIVSTIDSHARE

There Is Such a Hurry to Have the Body's Lifetime-hare

I skydd av skalets sköld
I nöten, sköldpaddan, i Kräftan

Det mjukast ätliga i kyssen,
snäckan

In the cover of the shell's shield
In the nut, the shield-turtle, in the Crayfish

The softest edible in the kiss,
the shell

ska spetsa snäcka, ljus
ska spräcka skal,
harpunens skräck

jag sa till henne mig
att det är fel på uttrycksformen
man håller alltid i harpunen ensam

will spike shell, light
will crack shell,
the harepoon's horror

I told her me
that there's something wrong with the expression
one always holds the harepoon alone

Hare står skelett, avpälsad, fettlös,
gnisslande av ben mot ben
Högt uppe irrar skalharpunen,
valharpunen ensam

Hare stands skeleton, furred, fatless,
screeching of bones against bones
High up drifts the shell harepoon,
the whale harepoon alone

Haren skalpell genom väntan

THE HARE SCALPEL THROUGH THE WAIT

Grå hare genom sten

Gå hareparallell
i ryckvis orört steg
gå omärkligt som
gjuten vid det stela

I gråsten ökar fett
i tröga ådrors år
av tålamod i ett sätt att
vara annan tid än
mänskan

Gå gråsten oberörs
gå sakta själars steg
i väntan som en
tyngre tid,en
annorlunda längtan

Lös gråstensfettets lås
läs elva tomrums tid
med harehörselspröt
ska skrapas losslirkad
och ensam

en varelse som långsom
kan värka sig till sten
kan samla materialen
kring sin väntan

Gray Hare Through Rock

Go hare-parallel
in flinches untouched step
go imperceptibly as if
cast by the stiff

In granite gains fat
in slow veins' years
of patience in a way of
being another time than
human

Go granite untouched
go slow souls' strides
waiting like a
heavier time, a
different longing

Loosen the granitefat's lock
read eleven vacuum time
with hare-hearing antenna
will be scraped coaxed loose
and alone

A being which alone
can ache itself to stone
can accumulate materials
around its wait

Harpalt

Harelotsen strängad
lockar till sig motsatt ton
strängen vibribrerar
dimensioner som ska
kröka Instrumentet

Hörseln har en spänntid
rycker fortare än strängen slår
harpa föder unge
lotsar unge över fälten
av det ännu oberedda

Hare Critter

The hare conductor stringed
attracts the opposite tone
the string vibribrates
dimensions that will
crook the Instrument

Hearing has a strungtime
twitches faster than the string strikes
harpy births child
pilots child across fields
of the as-of-yet unprepared

Navelsträng

I mittencirkelhålet
hårt suger harespåret
i inåtcirkelvirveln
av det spända

Klar kyla rusar kabel
Stum stämma rinner sträng
Stram strämja rusar fett
i malströmsåret

Umbilical String

In the middlecirclehole
hard sucks the hare track
in the inwardcircle whirl
of the strung

Clear cool rushes cable
Mute vocal flows string
Strict strame rushes fat
in the maelstrom sore

Estonia: fettstenens transparenta katatoni

Det orsaksforcerande fettet
Det Golemförvrängande fettet
där valfiskbukfettet inrymmer
ett större och sjunkande rum

Små länder så fett jävla inte
Ett fettkatatoniskt val löfte
ett lyfte, ett fyllo, ett flöte
Men Djupharegrav strikt "undead"

Estonia: The Fat Stone's Transparent Catatonia

The cause-forcing fat
The Golem-contorting fat
where the whalefishbelly fat contains
a larger and sinking room

Small countries so fat damn not
A fatcatatonic election promise
a heave, a drunk, a drift
But Deep Hare Grave strictly "undead"

Bard

Planckton:
Skal silas genom
klangbottnen av
bröstvisirets
fettsköld

Bard

Planckton:
Shells sieved through
the sounding board of
the breastplate's
fatshield

Vågar

Som havet river
gnider klor
mot ytor av
det stängda

som vågor rider
djuphavsklyftor
sjungande och
trängda

Darewaves

As the ocean tears
rubs claws
against surfaces of
the closed

as waves ride
deepseachasms
singing and
jammed

STRÄNG STRÄNG OCH SLAPPNAD

Fylla tömmer –
tom   tid   tyngd   rymd

STRICT STRING AND SLACKEN

Fill empties –
empty   time   weight   space

Flydd

Valdöd, hjärndöd,
spolas hålrum,
spolformande,
lungblåsande,
kvädd

Fled

Whale-dead, brain-dead,
cavity flushed,
spool-forming,
lung-blowing,
crooned

Energi spräcker form

Den stela valens skorpa sträcks
Instrumentets kaross astigmatisk

Energy Cracks Form

The stiff whale's scab is stretched
The Instrument's chariot astigmatic

Hal tid

När odöd Harey låsts i kapsel
som slungas ut i kosmos skum
och den dementa datorn sjunger
sin plancktidssång i viktlöst rum

Det frosch

Det - - -
krasslar

Hal Time

When undead Harey is locked in the capsule
which is slung out into the cosmos murk
and the demented computer sings
its plancktime song in weightless space

It snuffs

It - - -
crustles

Jag var rädd och bar dig over rädslan, barn.

I was scared and I carried you across the fear, child.

Tymd

svartkroppens ordning
oordnings ordning

oordnings släthet
släthet mot knyckel

arkerna knycklas
fält plöjs till knaggel

riktningens yta
är skärande blank

Empty Space

the blackbody order
the disorder order

the disorder smoothness
smoothness against crumple

the arks are crumpled
fields are plowed into craggle

the direction surface
is cuttingly blank

Inte längre ens som sträng
att stämja den skälvande tonen

No longer even as string
to tune-tame the shuddering tone

Singula

Ju längre in de rinner
de försvinner. Försvinner
harens tidrum in i
fosterfettets Allt, det
täta slutgiltiga Ett,
så varmt,
det lilla äntligen,
är kärlek.

Singula

The further in they flow
they disappear. The hare's
time-space disappears into
the fetusfat's All, the
tight conclusive One,
so warm,
the little finally,
is love.

Aase Berg's *Forsla fett* is an interlingually dynamic and charged text. It is, as Berg writes in her next book *Uppland*, a "deformation zone," an ambient space where the Swedish language goes through all kinds of permutations: words, connotations, meanings, letters are put into flux, combining and recombining continually. Berg "translates" a host of foreign texts—English-language articles about string theory, physics, and science fiction—into her poems, in the process deforming the Swedish language and rendering her own text a permeable, möbius strip of a book. To translate such a book makes impossible the common illusion of bringing over a pristine "original" into a necessarily flawed "translation." Rather, it forces the translator to be a kind of conductor of interactions between languages, a "transfer-er" of "fat" into the English language, an ambient translator.

It's hard to speak of a translation of a text like *Forsla fett* as being faithful or correct. To begin with, there is the problem of the proliferation of puns and near-puns. For example, the word "val" can mean "whale," "election," or "choice" depending on the context; it also rhymes with "hal" ("slippery"), which is of course also the name of the deviant computer in *2001: A Space Odyssey* (Hal), one of the main texts referenced in the book. Due to the ambient space of the book (i.e. the language is often driven by puns and lullabye-esque rhythms rather than sentences and narratives), this word, "val," becomes multivalent. So that in "Mamma val" we get:

Mamma val

Amma val
Valyngelskal
Ge harmjölk,
alla val är
samma val

One might say that in the blubberiness of the whale, we get a blubbery language that refuses to coalesce: every choice is and isn't a choice, is and isn't a whale. To invoke this mutability of "val," I have tended to translate it as both "whale" and "choice":

Mom Choice

Nurse whale
Whalebroodshell
Give hare-milk
all whales are
the same whale

To make matters more complicated in this poem, there's also the pun of "Ge harmjölk" which can also mean "give have-milk." This neologism is not as absurd a translation as it might seem because the books is full of wild neologisms. Compound words and neologisms are an important part of the Swedish language, but Berg takes this feature to the extreme, in say "valyngelskal" ("whalebroodshell," above) or "fittstela rullbandsfettflod" ("cuntstiff looptrack fatflood"). So that when we get to common words like "späckhuggaren," the standard term for "killer whale," I can't help but read it literally for the two words that make up that compound term, "späck" ("blubber") and "huggare" ("biter" or "attacker"). The extreme neologisms train the eye to break down the standard compound words. Thus I translated "Späckhuggaren" as "Blubber Biter."

This dynamic of puns, estrangements, breakdowns and breakups, accumulations of meanings and echoes becomes wildly intertwined in a couplet like:

Vi som däggdjur, äggdjur, valnötsdjur
föder ogärna levande ungar

("Vattuskräck")

Here the estrangement of the compound words leads me to read "däggdjur," the standard term for mammals, as "dägg" ("suckle") and "djur" ("animal"), "suckle animal." This is followed by the neologism "äggdjur" ("egg animal") and then by the extremely complicated neologism "valnötsdjur," which contains a pun on "val"—here, part of the word "valnöt," the standard term for walnut—and on "nöt," which appears elsewhere in the book—in "nöta" ("to fray") and "nötkött" ("beef"). Positioned alongside suckle animals and egg animals, I translate "valnötsdjur" as "whalenut animals" to invoke as much of the punning as possible: we get the blubberiness of the whale in the womb-like walnut shape. This is a book about transferring the fat of pregnancy as much as the fat of translation, so it is fitting that the two come together in this weird word play.

In *Forsla fett*, even the simplest words become slippery and loaded with connotations; in places, the ambience of the book causes me to misread words. For example, the poem title "Vågar" means "Dares," but the oceanic imagery of the poem causes me misread it as "vågor," or "waves;" the final translated title is "Darewaves." In the repeated word "harpoon," I can't help but notice the embedded word "har" ("rabbit"): harpoon becomes harepoon. The word "bekräfta," which means "confirm," suddenly contains "kräft," or "crayfish." The result is a reading process—and thus a translation process—full of stutter and noise, a strange music.

Berg further disorients the reader with archaic Swedish terms and foreign-language words. For example, according to old Swedish folk beliefs, a "myling"—the word derives from "myrding", or "murdered one"—is the ghost of a child who, when killed at birth by its mother, reveals the crime by singing from the site of its murder (usually a well or a basement). The word "römme" is Norwegian for a kind of dairy cream, but in the ambience of the book (as Berg pointed out to me), it also invokes "rom" ("roe"), "rymma" ("escape"), and "rymd" ("space"). You can see the same set of associations in the made-up word "Tymd," which contains "tömma" ("empty") and "rymd" ("space").

I hope these brief notes go some way to showing my process of translating *Forsla fett*. Rather than writing a "faithful" translation of a text so unfaithful to its own native language, I hope to bring into English this unfaithful translation ambience, this language fat.

JOHANNES GÖRANSSON

Transfer Fat

Printed in an edition of 1,000.

Titles set in Orator and Candara; text set in Constantia.

Covers printed offset by Polyprint Design
and letterpressed at the UDP workshop.

Interiors printed and books bound by McNaughton & Gunn.

UDP is a volunteer-driven not-for-profit literary publisher.

www.uglyducklingpresse.org